Bibliografische Information der Deutschen Nationalbibliothek:

Die Deutsche Bibliothek verzeichnet diese Publikation in der Deutschen Nationalbibliografie; detaillierte bibliografische Daten sind im Internet über http://dnb.d-nb.de/ abrufbar.

Impressum:

Druck und Bindung: Books on Demand GmbH, Norderstedt Germany
ISBN: 9783638930123

Dieses Buch bei GRIN:

http://www.grin.com/de/e-book/54512/erstellung-eines-geschaeftsbriefes-nach-der-neuen-din-5008-unterweisung

Sandra Harnischmacher

Erstellung eines Geschäftsbriefes nach der neuen DIN 5008 (Unterweisung Bürokaufmann / -kauffrau)

GRIN Verlag

Konzept zur Ausbildungseinheit

Thema:

Erstellung/Gestaltung eines Geschäftsbriefes nach DIN 5008

abgeleitet aus dem Ausbildungsrahmenplan für Bürokaufleute

von

Sandra Harnischmacher

1. Inhaltsverzeichnis

Als Informationsmaterial stehen der Auszubildenden folgende Bücher des Beuth-Verlages zur Verfügung:

- Schreib- und Gestaltungsregeln für die Textverarbeitung (Sonderdruck von DIN 5008: 2005)
- Der Geschäftsbrief

2. Deckblatt für die schriftlichen Prüfungsunterlagen

Bezeichnung der zuständigen stelle, der dieser Entwurf vorgelegt wird:	Südwestfälische Industrie- und Handelskammer zu Hagen
Name und Anschrift des Prüfungsteilnehmers:	S. H. Str. 70 12345 Stadt
Tag der Unterweisung:	März 2006
Thema der Unterweisung:	Erstellung eines Geschäftsbriefes
Lernort/Ausbildungsstätte	XYZ GmbH XYZ-Str. 66 12345 XYZStadt
Auszubildende:	Karin Mustermann, 19 Jahre
Ausbildungsberuf:	Bürokaufmann/-frau
Themeneinordnung:	Ausbildungsrahmenplan für Bürokaufleute, § 3 Nr. 4.1. d für das 1. Ausbildungsjahr: Texte nach vorgegebenen Sachverhalten unter Nutzung von Nachschlagewerken formulieren sowie maschinell und formgerecht gestalten
Zeitdauer der Ausbildungseinheit:	
Ausbildungsmittel:	Tafel bzw. Flip-Chart Overheadprojektor, OHP-Stifte, OHP-Folien Geschäftsbrief gem. DIN 676/DIN 5008 auf Folie Übungsbeispiele zur Adressierung nach DIN 5008 Informationsmaterial Notizblock

3. Erklärung zur Ausbildungseinheit im Rahmen der Ausbildereignungsprüfung

Ich versichere, dass ich die beigefügte Ausarbeitung zur Ausbildungseinheit selbstständig und ohne fremde Hilfe konzipiert, verfasst und angefertigt habe. Mir ist bekannt, dass die Arbeit andernfalls nicht gewertet werden kann. Dies gilt auch für den Fall einer gänzlichen oder teilweisen Übereinstimmung mit Arbeiten anderer Prüfungsteilnehmer. In diesem Fall gilt die Prüfung als nicht bestanden.

Die fünfseitige Information (Merkblatt und Hinweise zur Ausbilder-Eignungsprüfung) zur Erstellung der schriftlichen Ausarbeitung habe ich zur Kenntnis genommen.

Zudem erkläre ich verbindlich, die Ausbildungseinheit zu präsentieren.

Menden, 01.03.06

Unterschrift

4. Informationen über die Ausbildungsstätte

XYZ-
Glas- und Gebäudereinigungs GmbH
XYZ-Str.. 66
12345 XYZ-Stadt

Die Firma XYZ- Glas- und Gebäudereinigungs GmbH wurde 1975 gegründet und ist ein kleiner Handwerksbetrieb im Bereich der Gebäudeinnen- und –außenreinigung. Zurzeit sind ca. 30 Mitarbeiter im kaufmännischen und gewerblichen Bereich tätig.

Zurzeit wird weder im kaufmännischen noch im gewerblichen Bereich ausgebildet, wobei im gewerblichen Bereich normalerweise alle 3 Jahre (nach der jeweils bestandenen Abschlussprüfung) ein Auszubildender zum Gebäudereiniger ausgebildet wird.

5. Informationen über die Auszubildende

Die Unterweisung richtet sich an die Auszubildende Karin Mustermann. Sie ist 19 Jahre und besitzt die Fachhochschulreife. Sie macht eine Ausbildung zur Bürokauffrau bei der Firma XYZ-GmbH.

Frau Mustermann befindet sich in der Mitte des 1. Ausbildungsjahres und wird zu diesem Zeitpunkt im Verwaltungsbereich ausgebildet. Sie kann schon etliche anfallende Aufgaben wie die Telefonannahme, Faxentgegennahme usw. selbstständig ausführen. Sie ist vertraut mit den bürowirtschaftlichen Abläufen und kann mit Textverarbeitungsprogrammen Texte und Memos schreiben.

Die Auszubildende ist lernbereit, hochmotiviert und gegenüber neuen Aufgabenstellungen sehr aufgeschlossen.

6. Aufgabenstellung

Die Auszubildende soll einen Geschäftsbrief normgerecht nach der im Juli 2005 geänderten DIN 5008 erstellen.

7. Lernziele

7.1. Fachliches Lernziel

7.1.1. Fachkompetenz: Nach Ende der Ausbildungseinheit soll die Auszubildende Geschäftsbriefe selbstständig normgerecht nach DIN 5008 erstellen.

7.1.2. Richtlernziel: Die Auszubildende soll einen Geschäftsbrief schreiben.

7.1.3. Groblernziel: Die Auszubildende soll Texte normgerecht und sicher schreiben können.

7.1.4. Feinlernziele: Die Auszubildende soll selbstständig eine normgerechte Adressierung vornehmen können sowie einen Geschäftsbrief sicher schreiben können, evtl. Fehler erkennen.

7.1.4.1. Affektives Feinlernziel:

- Gefühl für die Einteilung des Anschriftenfeldes bekommen

7.1.4.2. Kognitives Feinlernziel:

- 9-Zeilen-Definition" verstehen und zuordnen können
- Elemente der Adressierung (wie Versandarten, Behandlungsvermerke, Anrede, Name, Firmenbezeichnung, Straße, Ort und Land) zunächst erarbeiten und zuordnen können
- Regeln gemäß DIN 5008 erlernen und nach diesen handeln

7.1.4.3. Psychomotorisches Feinlernziel:

- Adressfeld sowohl handschriftlich als auch per Tastatur normgerecht beschriften können.
- Geschäftsbrief normgerecht gestalten können.

7.2. Fachübergreifende Lernziele

7.2.1. Methodenkompetenz: Die Auszubildende soll durch logisches Denken und analytisches Vorgehen die Fähigkeit erlangen, Arbeiten zu planen, durchzuführen und zu kontrollieren.

7.2.2. Sozialkompetenz: Die Kommunikationsfähigkeit der Auszubildenden soll gefördert werden. Sie soll durch spätere Abfrage befähigt werden, ihr Wissen dritten zu vermitteln.
Die Auszubildende soll weiterhin lernen, eine Aufgabe zielgerichtet und selbstständig zu lösen aber dennoch kooperativ mit anderen Mitarbeitern zu arbeiten.

7.2.3. Individualkompetenz: Die Konzentrations- und Lernfähigkeit der Auszubildenden soll gesteigert werden. Sie soll selbst erkennen, wo Ihre Stärken und Schwächen liegen und wo noch Verbesserungsbedarf ist. Sie soll lernen, sich auf das Wesentliche der Arbeit zu konzentrieren und unwichtige Sachverhalte herauszufiltern.

8. Tabelle des vollständigen Handlungsablaufes

Handlungsschritte	Lerninhalte	Lernmethode	Ausbildungsmittel
1. Informieren a) Aufgabenstellung b) Kenntnisse	a) - Thema der Ausbildungseinheit nennen - konkrete Aufgabenstellung formulieren und nennen - Sinn und zu erwartendes Arbeitsergebnis erläutern. b) - Grundkenntnisse wiederholen - Hintergrundwissen vermitteln	- Kurzvortrag - Lehrgespräch - Lernzielkontrolle durch gezielte Fragen	- Tageslicht-projektor - Folien - Notizblock - Karten - Informations-material - Flip-Chart
2. Planen	- Festlegung der Arbeitsschritte durch die Auszubildenden	- selbstständige Einzelarbeit der Auszubildenden	- Notizen der Auszubildenden - Notizblock - Information-material
3. Entscheiden	- Prüfen, ob die gewählte Vorgehensweise durchführbar ist - evtl. gemeinsam Korrekturen vornehmen	- Fachgespräch mit der Ausbilderin	- Aufzeichnungen der Auszubildenden - Aufzeichnungen und Kenntnisse der Ausbilderin
4. Durchführen	- Erstellung eines Geschäftsbriefes nach DIN 5008	- selbstständige Einzelarbeit der Auszubildenden	- besprochener Arbeitsplan - Informations-unterlagen
5. Kontrollieren/ Auswerten	- Eigenkontrolle der Auszubildenden - Fremdkontrolle durch die Ausbilderin - evtl. Fehler und deren Ursachen klären und berichtigen	- Lernehrgespräch - Lernzielkontrolle	- Ergebnisse der Auszubildenden

9. Art und Ablauf der Ausbildungseinheit

Die Ausbildungseinheit erfolgt nach der Methode der vollständigen Handlung gemäß der unter Punkt 8 aufgeführten Tabelle. Der Auszubildenden soll damit die Möglichkeit gegeben werden, Ihre Handlungskompetenz zu entwickeln.

Für die gesamte Ausbildungseinheit sind ca. 85 bis 115 Minuten vorgesehen. Die Unterweisung findet in einem ruhigen Raum im Ausbildungsbetrieb statt.

In der Präsentation beziehe ich mich ausschließlich auf die Informationsphase.

9.1. Informieren

Dauer: ca. 25 bis 30 Minuten

a) Aufgabenstellung
- Thema der Ausbildungseinheit nennen (Textverarbeitung/Geschäftsbriefe)
- Konkrete Aufgabenstellung benennen (Gestaltung/Erstellung eines Geschäftsbriefes nach DIN 5008)
- Lernziel definieren (Die Auszubildende soll einen Geschäftsbrief nach DIN 5008eigenständig erstellen. Nach der Unterweisung sollte die Auszubildende in der Lage sein, Geschäftsbriefe sicher zu gestalten und zu erstellen. Auch sollte hier die Bedeutung für den eigenen Betrieb dargestellt werden, dadurch wird der direkte Bezug deutlich und die Auszubildende erkennt ihren erweiterten Aufgabenbereich.)

b) Kenntnisse
- Durch Kartenabfrage ermitteln, welche Kenntnisse die Auszubildende z. B. bereits im Bereich der korrekten Adressierung eines Briefes hat. (Eine Adresse „falsch“ am Flip-Chart oder an der Tafel anbringen, und durch gezielte Fragen ermitteln, ob die Adresse so richtig ist, oder ob diese anders geschrieben werden muss, dadurch wird die Auszubildende direkt ins Thema eingebunden. Außerdem wird die Motivation erhöht, da die Auszubildende sich aktiv beteiligen kann.
- Kurzvortrag über die richtige Gestaltung eines Geschäftsbriefes nach DIN 5008
- Einen Geschäftsbrief (in kleinen Teilen zergliedert) zusammen mit der Auszubildenden in die richtige Form bringen (Lernzielkontrolle mit gezielten Fragen), hierdurch erhalten sowohl die Ausbilderin als auch die Auszubildende Kenntnisse darüber, ob die Auszubildende den Kurzvortrag verstanden hat.
- Lernerfolgskontrolle durch gezielte Fragen, wie z. B. Wo steht im Anschriftenfeld die Berufsbezeichnung wie z. B. Rechtsanwältin?

9.2. Planen

(Dauer: ca. 15 bis 20 Minuten)

- Die Auszubildende legt selbstständig die zu erledigenden Arbeitsschritte fest, die zur Gestaltung und Erstellung eines normgerechten Geschäftsbriefes nötig sind.

9.3. Entscheiden
(Dauer: ca. 10 bis 15 Minuten)

- In einem Fachgespräch mit der Ausbilderin wird geprüft, ob die von der Auszubildenden festgelegten Arbeitsschritte so durchführbar sind. Eventuell werden gemeinsam Verbesserungen erarbeitet und die Arbeitsschritte entsprechend geändert.

9.4. Durchführen
(Dauer: ca. 20 bis 30 Minuten)

- Die Auszubildende erstellt gemäß Ihrem erstellten und evtl. korrigierten Arbeitsplan einen normgerechten Geschäftsbrief.

9.5. Auswerten/Kontrollieren
(Dauer: ca. 15 bis 20 Minuten)

- Selbstkontrolle durch die Auszubildende mit Hilfe ihrer Aufzeichnungen sowie Informationsmaterial
- Fremdkontrolle durch die Ausbilderin
- Berichtigung von Fehlern sowie die entsprechende Erläuterung zu den gemachten Fehlern und evtl. anderen Unklarheiten
- Lernzielkontrolle der Ausbildungseinheit anhand von gezielten Fragen

10. Lernerfolgskontrolle

Die Lernerfolgskontrolle der Ausbildungseinheit wird mit Hilfe des folgenden Fragenkataloges sichergestellt und überprüft.

Fragen

- zum Anschriftenfeld:
  - Aus wie vielen Zeilen besteht das Anschriftenfeld?
    - aus neun
  - Wie ist das Anschriftenfeld gegliedert?
    - Zusätze und Vermerke (ersten drei Zeilen)
    - Empfängerbezeichnung
    - Postfach mit Nummer oder Straße und Hausnummer
    - PLZ und Bestimmungsort
  - Wie werden Empfängerbezeichnungen aufgeteilt?
    - sinngemäß in Zeilen
    - Berufs- oder Amtsbezeichnungen (z. B. Rechtsanwalt) werden neben „Frau" oder „Herrn" geschrieben.
    - Akademische Grade (z. B. Dr., Dipl.-Ing.) stehen unmittelbar vor dem Namen.
  - Was hat sich im Juli 2005 geändert?
    - Der Ort wird ohne Leerzeile an die Straßenbezeichnung geschrieben.

- Gestaltung und Gliederung des Textes:
  - Wie viele Zeilen sind zwischen der Bezugszeichenzeile und der Betreffzeile frei zu lassen?
    - zwei Zeilen sind frei zu lassen
  - Wie viele Zeilen sind zwischen dem Betreff und der Anrede frei zu lassen?
    - zwei Zeilen sind frei zu lassen
  - Wann folgt der Text nach der Anrede?
    - nach einer Leerzeile
  - Warum sollte ein Text gegliedert werden, und wie wird er gegliedert?
    - Er sollte u. a. gegliedert werden, damit der Text übersichtlicher ist und einen sinnhaften Bezug hat. Er wird durch jeweils eine Leerzeile in Absätze gegliedert.
  - Wie werden der Gruß, die Bezeichnung des Unternehmens und die maschinenschriftliche Angabe des Unterzeichners abgesetzt?
    - der Gruß wird mit einer Leerzeile vom Text abgesetzt, die Unternehmensbezeichnung mit einer Leerzeile vom Gruß, bei Bedarf auf mehrere Zeilen verteilt, die Angabe des Unterzeichners richtet sich nach der Notwendigkeit und sollte innerbetrieblich geregelt werden, in der Regel sind dies ca. drei bis vier Leerzeilen.
  - Welche Zusätze gibt es, und wo stehen diese?
    - es gibt z. B. i. A. (im Auftrag), i. V. (in Vertretung), diese stehen zwischen der Bezeichnung des Unternehmens und der maschinenschriftlichen Namenswiedergabe.
  - Wo folgen der Anlagen- und der Verteilvermerk und dürfen diese hervorgehoben werden?
    - der Mindestabstand vom Anlagenvermerk zur Grußformel oder Firmenbezeichnung sind 3 Leerzeilen, ebenso wie der Verteilvermerk. Folgt der Verteilvermerk dem Anlagenvermerk, ist eine Leerzeile frei zu lassen. Die Vermerke dürfen durch Fettschrift hervorgehoben werden.